LOS MUROS DE TU EXISTIR

Dedicado a Ingrid

Autor : Jonor Normaya

Año publicación : 2021

Editorial : BOD

Web del autor : agnorses.com

Web editorial : bod.com.es

ISBN : 9788413264196

1- FLUJOS

2- SAL DE MI

3- AMOR

4- FLUYO ERRANTE

5- CREADOR

6- ORÁCULO DEL SOL

7- DEVENIRES

8- SÉ COMO AMARTE

9- FRUTO DEL TIEMPO

10- AMANECÍ

11- TU CORAZÓN

12- REINO DE TI

13- PAOLA

14- AMOR ES ALMA

15- DESDE LA NADA

16- NUEVA ERA

17- ESA ERES TÚ

18- DISTANCIA

19- SER TUS OLAS

20- ALABANZA

21- SUBLIME

FLUJOS

Flujo de miradas, flujo elegante,
cánticos ancianos en un instante,
elemento de luna es tu diamante,
piedra solar intima que me donaste.

Soy Amor si haces fiebres lúdicas
y repites en mi sien tus titulares,
aquellos que parieron tus lunares
en la sangre derramada de tus mares
y tus océanos holisticos
tan singulares...

Soy estela y huella como
sónico y radiante,
soy díscolo en tu piel y amenazante,
puro sabor eléctrico que linkea mi voz
y la parte en dos
al llegar a tus sangres.

Si eres fruta del olimpo de donantes
has de abrir tu fluido a los amantes
y bailar en sal
el dulce aroma de mis aires..

SAL DE MI

Milímetro acuoso he transmitido
al caer en las aguas
de mis recuerdos.

He subido el lirio de un pálpito
y he crecido mis hormonas
en tus huecos.

Así, desnudo me perdí de nuevo
y no puedo recordar los esperpentos,
las ansias, los momentos,
las dudas de tu cálida dulzura,
los elementos nuevos
y el magistral y místico relevo.

Un huracán de mantras
y versos nuevos
he devorado en ti, desde mi espejo,
donde soy y no soy,
donde brillo y desconcierto,
donde me hundo en las lagunas
de un mar muerto.

Sal de mi,
ave de los cuentos,
sino deseas nada
ni nada me has orado,
donde estaré yo tan nuestro,
donde...
Si no sabes declinar mis elementos..

Sino sé de ti, me duermo de nuevo,
sino sé de ti
mi sed crece en mi reflejo..

Hundo mi piel en las arenas
de tus dedos
y así dormido y libre,
me vuelvo a dormir inquieto.

Sal de mi,
ave de los cuentos...

AMOR

Amor es pauta, duda
y célula dormida,
es delicado, como la hierba liquida,
es húmedo y doloroso
en tus huesos fucsia,
es presencia de ámbar
y dorados labios.

Amor es ampliar las auras
de tu pecho,
centro de energia melancólica,
y pasear las dudas de tus manos
en las noches veraniegas
de un recuerdo.

Amor es darte a ti, y siempre darte,
amor es vaciarse,
es adorar tu piel y tus mensajes,
subir, bajar, vivir y perdonarse,
es crecer el jugo de tus bailes,
caminar en ti como un desaire
y hacer de tu alimento mis anclajes.

Amor es ciencia exacta,
devorar el Sol en mis mejores tardes
y huir por ti si no declinas este aire...

Amor es saber de ti y desmayarme,
dado que el oxígeno me arde
pues figura en mi como una frase
el oro de los ríos de tu madre..

Te pario y te dio un fin en este valle,
donde fluyen mares, lagos,
lágrimas y bailes..

Amor es saber de ti
y saber ser nadie...
Amor es fluir en ti.
Amor es orillarse…

FLUYO ERRANTE

Gangrena de palabras,
motivos de mil frases,
fluyen tenues tus gemidos,
y me queman en mi mano
las letras de la sangre.

Fluyo errante...

Números ingentes de sonidos
y de aromas llegados y vividos,
así heri de ti mi alma y mi quejido,
haciendo pausa en mi
como hombre herido.

Fluyo errante...

Y sé que bailas por mi sin mis orales
como fresa y fruta fresca
de un mensaje,
sé que lo haces,
aunque no pensaste donde nací,
ni porque me llenaste.

Fluyo errante...

CREADOR

No es preciso ser nada.
No es preciso estar en nadie.
No es preciso orar, rezar,
cuidar o derramarte…

No significa nada estar en nada
o llorar de nadie.

Nunca creas que tu alma
nace y llueve en don de alguien
es más bien desde tu nada
donde crece el bien y te renace.

No es preciso andar
en la barca de tu estanque,
ni remar junto a otras manos
que no sean las de un padre,
no es preciso ni ser, ni estar,
ni amar en los paisajes,
nombres de un cementerio herido
por los cobardes.

Solo es preciso ser
desde tu sangre,
defensor de tu armonía
en tus canales.

Siendo armónico eres mi amor,
siendo onírico
eres mis venas de madre,

siendo fluido cósmico
eres el ser creador de todos los
ramajes...

ORACULO DEL SOL

Fuego de olivos muertos
en mis arterias videntes,
energía luz de oriente
en tu silueta doliente,
en tu universal y trágico torrente,
allí donde duermo herido
y también inerte.

Como es que la vid de mis suspiros
no llega a tu simiente,
ni se acerca,
ni la hueles,
ni sabes de las orillas
de mis labios calientes.

Como es que así dormido,
en un sueño te he amado
y en ese enérgico suspiro
has violado mi dolor
como un ser así querido.

Como es que no he sabido.

El Oráculo del Sol
me previno en tus aceros,
en aquellos duros forcejeos
que tu alma esquiva si la miro.

El Oráculo del Sol ya me previno...

DEVENIRES

Es la moda de tus devenires,
es la estampa de tus sentires,
es salir, vivir y no andar muerto
en el boulevard desierto
de mis menires.

Como alergia de una intima caricia,
así volé en tu espalda y me hice libre,
así amé tu alma hasta lo imposible.

Soy ángel de tu estrella y vivo simple,
como juguete vapuleado
de un solo timbre.

Soy sello que alumbra tu calibre
y bajo a tus deseos tan sensibles,
así amo el perdón de los olivos
cuando hunden en tu piel
mis cantos firmes.

He de venir a ti con mis salitres,
con mi pluma, mi tinta abierta
y miles de elixires,
derramando en ti la boca
de los aromas,
que inundaron de sal
los amorfos días tristes.

SÉ COMO AMARTE

Sé amarte como un Dios
desde este otoño azul
solo con contemplarte
y así pequeño,
como retina etérea
mirar el Sol que te rebate.

Sé amarte como un Dios,
esa es mi parte,
la que dona regalos
siempre al animarte,
la que desea juegos en ti
y desnudarte.

Esta bien en mi creer,
sé como ser y amarte,
esa es mi parte.
La parte de un Dios oculto
entre la sangre,
divino de cáliz alto y buen linaje,
dominante en tus creeres
y tibio blanco como amante.

Sé como amarte.
Brillar en un planeta y ser tu voz
que, alegra mi desnudez
de aquí hasta Marte,
y revela en mis andares
el secreto de tus claves.
Sé como amarte.

FRUTO DEL TIEMPO

Fuente de luz
que oradas mi memoria,
nave celeste
que retumba en la concordia,
arma frutal de voz y de mirada sobria,
allí en aquel ártico palacio
he de besar tus horas,
soy fruto de un tiempo
que me rebosa...

Deleite azul baila
en.mi sonrisa matinal,
me miré al espejo y vi tus ojos en.mi,
la lluvia golpeaba mis cristales
y en las sombras perdidas
me llamabas...

Eres gloria de miles de planetas,
diluvio otoñal de risas, rosas
y cometas,
silueta frugal
de casi todas mis monedas,
eres la parte perfecta que me queda.

Si allí, en un ovillp de luz,
tu me reflejas,
seré vaso de sangre que no cesa,
seré tu luz, seré tu aura,
y tu seras en.mi
un suave beso de princesa..

AMANECI

Amanecí suave en la tormenta,
nuevo en tus escenas,
como el actor devenido en tu melena,
ese magnifico afán de viento que meneas,
ese carisma intacto de pasión que me rellenas..

Amanecí suave y limpio de esperanza,
era tu astro azul el que me veneraba
y yo le arrullé en mis manos como organza,
era el cielo lumbar de tu enseñanza,
gracias por orar en mi tus versos y palabras...

Amanecí como un diamante envenenado
y tus brazos me dijeron medias letras
como si hubieran perdido el ansia del mundo
y oí que tu palabra me llamaba...

Eres hierba en el rocío
y aurora fresca,
eres pauta de alegría y fiesta,
eres la hora perfecta en la tarde
que me inunda y me refresca...

Eres Diosa de la vida en mis aromas fresa...

TU CORAZON

Es una válvula eléctrica
tu corazón caliente,
es una bomba de amor y ambrosia
es sutil, aromático y celeste.

Todo brilla en él,
si en mi se mueve,
es un jugo de palabras tan evidente
que el perfume de mi vida
vive en su vientre...

Es milagro de cafés,
rosas y duendes...

Es lámina de aceites nuevos
que yacen en mi desde tu ambiente,
es el.mar de una palabra abierta
que se mece...

Ese es el corazón
que a mi me mueve,
el que lanza estrellas de azul
en mis vaivenes,
el que orilla su alma en mis desdenes
y pasea lento
en los colores de siempre.

Es el corazón de tu noviembre,
donde nacen los aires
de la calma silente,
el profundo gemir de tus sentidos eres
y tan abierta en la noche

también me duermes.

Una cuna de plata así devienes,
como gacela tensa de risas
y así sientes,
esta es la gracia única de amor
que el origen de la sangre tiene...

REINO DE TI

Hay trozos de lluvia en tu cabeza,
es estéril la pereza de tu carma,
es origen de un momento
sin tu palma,
como diluvio de caricias
que se espacia.

Ahí, en tu lado más centrado
me coloqué a tu lado
y una copa del mejor vino
en tu mejilla se ha calmado..

Fruta de un lado oscuro
ha venido a mi cripta
y en ella escuché tus salmos,
orabas como poeta
aunque sólo deseas espacio...

Eres el gran y experto diccionario
dónde crecen mis ofrendas,
dónde nace mi santuario,
y en este rictus vital
me desmayas
y me alientas muy despacio...

Infinito calor de arenas mesiánicas
que rompe el sol del adivino
y me inunda la campaña
de oros tiernos,
de dorados inciensos,
de ilimitados besos..

Me iluminó por ti
y me adentro en divinas esencias
por tus lumínicas latencias,
dame voz,
soy tu profeta
soy tu don y soy tu luz eterna...

Soy la potente sensación
de hacer de ti mi reina...

PAOLA (a mi hija)

Música en tu voz,
siempre notas de acentos diferentes..

Desde aquellos nocturnos tiempos,
dónde el verano caía
a mis pies despierto..

Eran momentos tenues
de cálida dulzura,
momentos de juegos nuevos
y mayestáticas palabras..

Un día me llamaste
y tu voz era mi carma,
me abriste el camino
del alimento nuestro,
y me dijiste despacio,
que el celeste santuario
era sueño de tus palmas
y tornado en tus espacios..

Eras luz de sangre nueva,
nacimiento deseado,
amor de mística caléndula
que atraviesa mis recuerdos
y los ama tan despacio...

Eres bruma de mis cantos,
verso mismo detallado,
pura llama de un encanto
y el hechizo de mis manos.

Gracias por darme tanto,
gracias por hablar
en mi párrafo descalzo,
en mis tintas devenidas
desde un templo que es santuario..

Gracias por hacer de ti
el viaje e instante más cercano..

Eras nueva sagitario
que ama las campanas
de un desierto que es mi manto...

Gracias por ser mi risa, mi silaba,
mi aroma y también mi llanto..

Eres icono perfecto
que desde mi único plasmar
siempre y desde siempre alabo.

Gracias por el dorado son
de tus manos en mis manos ..

AMOR ES ALMA

Vuelo con tu amor,
mi propio amor es alma misma
y tu energía
es divina esencia de amor,
amor en cápsulas de vida
que me regala el don
de tu gen nacido...

Vuelo con tu amor
en mi nave de fuegos líquidos,
en el viento nocturno
de un mar en calma,
brillando el aire de tus mantas,
radiante el Sol
que alimenta tu cascada.

Catarata de morados jugos
que se tornan limpios en mi nostalgia,
que vacían sus noches
en mi mañana,
temblor de oro y savia en honor a ti,
princesa de los vuelos en mi alma...

Vuelo con tu amor,
aroma fresco de variada
y brillante plata...

Luz nueva del alba,
fruta nacida por salvajes mantras..

Carencia de estrellas
que me amamanta.

Soy el hijo diurno
de tus noches sabias.

Vuelo con tu amor,
reina de mi palabra..

Vuelo con tu amor,
Diosa de un cielo que me habla...

DESDE LA NADA

A veces he sentido en.mi
el vacío de la nada,
donde estás, donde te encuentras,
en el abismo inquieto
del infinito nada..

Así es la nada,
no existir , no ser y no venir desde
nadie..

En la nada, no estamos solos,
estamos en la profundidad del alba,
queriendo llegar a puerto
en la nave destrozada,
Así es la nada.

Tú no sabes donde ir,
desde el camino sin pausa
o venir sin venir,
viniendo descalzo en rabia,
llorando el sin sentir
de no desear en nada.
Así es la nada.

Huye de aquel refugio de palabra,
huye del sinvivir
y crea el universo malva.

Tu eres el Dios de tus estrofas,
letras, silabas y mil lagunas sanadas.

Tu eres el Dios que crea
el paraíso del alma.

Ven a mi y funde los corazones,
que de ahí tus manos cantan
y en la alegría del ser,
ya no vi el vacío en armas..

Ven a mi,
hacia el árbol desnudo de este arca,
dónde residen los frutos
de la sinfonía exacta,
dónde nacen los poderes de tu don y
tu garganta..

NUEVA ERA

Sirena sónica de silente pausa,
Luces y colores desnudos
en todas las horas,
cruzas las avenidas, los corazones
y causas pánico que llora rabia..

En las noches haces alarma
y giras violenta la pauta de tus notas,
busco en ti el orgasmo de mi savia
y no puedo saber si me das
o me arrebatas..

Eres la forma de un viento negro
que mata,
eres la serpiente misma
que de nuevo la vida nos arranca,
eres siniestra y fugaz como las balas..

En la rigidez de un rostro te he visto,
la silueta humana vienes a buscar
y los oros de aquel tiempo tu levantas
con la ira y estupor que nos regalas .

Basta ya,
mentiras y palabras falsas...

Basta ya
de este sentir
que arruina nuestra semblanza..

La nueva era ya llega
y tú ya la esperabas...

ESA ERES TU

Crecí mi voz en la literatura
de tu boca,
órgano eléctrico que devora
la carne dibujada
y huiste como libélula encantada
por los aires polares de mis labios..

Es matemática exacta
la sintaxis de tu rostro,
cuerdas marinas de miel,
la simbiosis de tu dorado pómulo,
un protocolo abierto
que se presenta ante mi
como el Olimpo ámbar
de dioses cósmicos..

Es así la furia de tu estampa,
la figura delicada
que al andar me regala,
el escenario palmar
de aves casí cuánticas,
que oran al despertar
las palabras de la magia..

Eres fuente solar,
eres diamante puro de luna,
eres misterio ocular
que me arrastra y me derrumba..
Eres el cuento sináptico
de los soles, los planetas
y las horas nocturnas..

DISTANCIA

Por qué existe este confín,
puerto de un mar abierto,
embajada triste
de los próximos momentos.

De donde nació su olor,
en que íntimo cuaderno,
se relajaron los párrafos
de los lamentos…

He huido de mi
por este laboratorio céntrico,
donde mis nubes cazan al sol
y lo devoran sin miedo…

Son ilusiones de un duende,
que me habla siempre atento,
anunciando en mis manos
los delitos de tu cuerpo,
creando en mi tus arenas,
donde descanso mis huesos…

Esta distancia es nueva
y me íntima en mis adentros,
allí donde nadie vence,
allí donde yo me asiento…

SER TUS OLAS

Qué bonito el lugar de aquel instante,
como un recuerdo imborrable
me delata,
como un asunto pendiente
me traslada,
y hasta aquellas orillas navego,
por donde tus olas inclinan
su reflejo.

Que bonito es desear ser tu completo,
significar haber nacido
como complemento
y estirar mi piel
al máximo cielo abierto…

Qué bonito es ser tu ligero marinero,
ese que abre el barco de tus alientos
y camina contigo en ti,
sin comprenderlo..

Qué bonito es ser
el ansia de tu caricia
y el palpitar de tus recelos…

Qué bonito
el altar de tu universo…

ALABANZA

Nutria viva en mi sangre,
energía onírica de sentimientos.

Me muevo hacia ti
y llega elogio de sal en tu mirada,
himno de prosa
que da tonos de pasión
y conmemora el ánima
de tus encuentros..

Linfa de aliento y pálpito de luz,
muro de sien en las alergias divinas,
pincel de un cuento sonoro
que te adivina..

Me gusta tocar el son
que marcas al andar
y los espejos de tu abolengo
entre mis lineas..

Raza de horizontes lejanos
que fusionaste tu gen en tantos años,
libros, adivinanzas, estirpes
y desengaños..

Paseos al alba
en la barca de los ancianos...

Raza de paraísos, valles
y ríos elevados..

Trópico abierto en ti desde tu infancia,
flujo de mares y montañas,
fuerza singular
de todo lo que alcanzas,
simetría de imperiales
y leves circunstancias..

Trópico de ser vivo
en tu arteria santa...

SUBLIME

Sublime es el cántico de tus rezos,
sublime la huella de tus encantos,
sublime es todo lo que alumbras
cuando vienes, vas, retornas
o te alejas.

Sublime eres tú,
hada de los cuentos blandos,
princesa de lluvia fresa
y de tierra fértil en tus llanos.

Sublime es el aire que te acaricia,
la brisa fresca en tus manos,
el toqueteo leve en tu espalda
con mis palmas en verano.

Sublime es el universo azul
de tu deseo lejano,
sublime eres tú
siempre que hablas, guiñas,
vuelves y nos encontramos.

Sublime es el paseo desnudo
cuando nos amamos,
cuando me dices tranquila
que te alegre en mi descanso.

Sublime es tu aura,
tu sol, tus ríos
y todos los poros suaves
de tu alma, que yo amo…